LAS COSAS DE FUERA DEL CUERPO

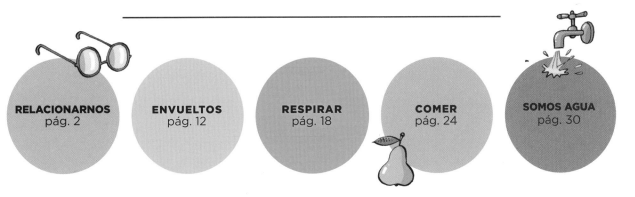

Vives en un entorno que te proporciona lo que necesitas: comida, agua, aire... Pero, para poder tomar estos elementos, primero tienes que entender ese entorno en el que vives.
Además, no estás solo, sino en contacto continuo con otras personas; por eso te relacionas con ellas normalmente.
Tienes ojos, orejas, sentimientos, etc., que te permiten saber cómo es lo que te rodea. Gracias a eso, el cuerpo te funciona como una orquesta sin que te des cuenta.

Los **sentidos** nos ayudan a percibir lo que pasa fuera del cuerpo.
Nos comunicamos gracias al lenguaje, y el efecto de las emociones y los sentimientos nos generan reacciones.
La **piel** es la protección del cuerpo, y también el contacto físico con el exterior.
Para funcionar, el organismo toma sustancias del exterior para **respirar**, **comer** o **beber,** y expulsa lo que no necesita, como el aliento, el sudor, la caca y el pipí.

En este libro vamos a ver cómo funciona el cuerpo de fuera a adentro.

RELACIONARNOS

La vista, el olfato, el oído... son **sentidos** que tenemos en la cabeza, ¡porque es la parte del cuerpo que llega primero a los sitios! Así es como los animales percibimos el entorno. Además de hacer el mundo más agradable, los sentidos nos alertan en caso de peligro. Y, como somos animales sociales, hablar y expresar los **sentimientos** y las **emociones** con nuestras **reacciones** nos ayuda a relacionarnos con los demás.

SENTIR
pág. 4

HABLAR
pág. 9

REACCIONAR
pág. 10

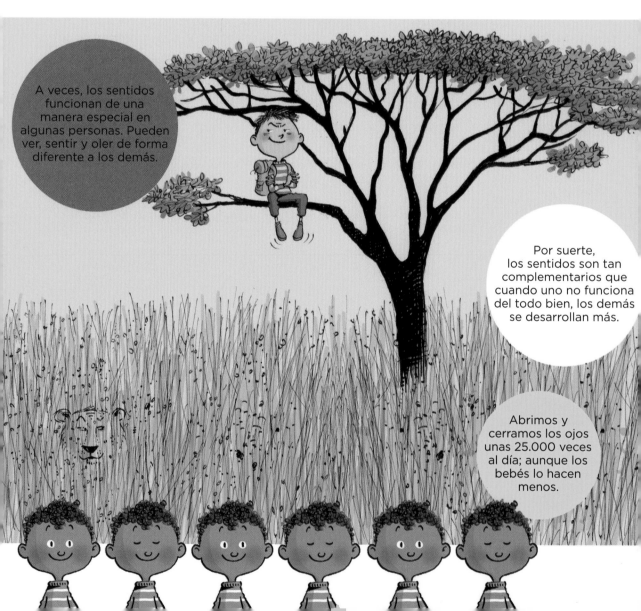

A veces, los sentidos funcionan de una manera especial en algunas personas. Pueden ver, sentir y oler de forma diferente a los demás.

Por suerte, los sentidos son tan complementarios que cuando uno no funciona del todo bien, los demás se desarrollan más.

Abrimos y cerramos los ojos unas 25.000 veces al día; aunque los bebés lo hacen menos.

¡A veces los sentidos
nos engañan!

Pero también
nos ayudan.

¡Saber distinguir
una forma entre las
manchas nos ha
permitido ver el
peligro!

SENTIR

Los **sentidos** llevan la información
del exterior al cerebro.

VER

Vemos porque tenemos **ojos**. Los ojos son
unos glóbulos de unos dos centímetros y
medio de diámetro. Son tan importantes
que están protegidos por huesos,
párpados, pestañas y cejas.
¿Sabías que los camellos tienen tres
párpados para protegerse de los fuertes
vientos del desierto?

Hay animales, como las palomas o los conejos, para los que es muy importante ver si alguien les persigue, para poder huir: por eso tienen un ojo a cada lado de la cabeza.

Los humanos tenemos los ojos en la parte
delantera de la cara para mirar con los dos
a la vez; así percibimos la distancia. Intenta meter un lápiz
dentro de un vaso con un ojo cerrado. Seguramente no
acertarás hasta que no abras los dos ojos.

¿Qué ves en esta imagen? Si ves un 74, tienes el tipo de vista más común; si ves un 21 o no ves ningún número, puede que tengas una forma especial de ver. Se llama *daltonismo*. El daltonismo es más frecuente en los niños que en las niñas.

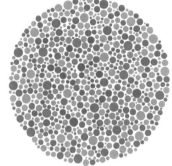

OÍR

Gracias al sentido del **oído**, oyes los sonidos del exterior. Un ruido es un sonido que molesta; en cambio, la música es un sonido que gusta y que puede cambiarnos el estado de ánimo.

Los niños más pequeños oyen más sonidos que los mayores y que los ancianos. Hay que protegerlos de los ruidos fuertes, sobre todo de los que lo son mucho, ¡como los petardos, que los ensordecen!

Lóbulos de las orejas		Forma de las orejas	
conectados	no conectados	con tubérculo de Darwin	redondeadas

Los humanos, cuando no oímos bien, nos ponemos la mano detrás de la oreja para oír mejor; es como si la hiciéramos más grande. Pero cuando no oímos nada, necesitamos unos aparatos y un lenguaje diferente que se hace con las manos para entendernos con los demás.

Las diferencias no tienen ninguna importancia.

Los animales que no tienen orejas, como los pájaros, también oyen. ¿Has visto alguna vez cómo las mamás enseñan a cantar a los polluelos?

Si te metes algo en la boca que sabe muy mal, ¡puede ser un aviso de que no está en buen estado!

SABOREAR

Cuando nos llevamos un alimento a la boca, sabemos qué **sabor** tiene. Eso es porque la superficie de la lengua está llena de unos bultitos diminutos especialmente preparados para sentirlo. ¿Alguna vez te has mirado la lengua en el espejo? Estos bultitos pueden notar los sabores, dulce, salado, amargo y ácido, en diferentes partes de la lengua. ¿Alguna vez te has fijado en el que el sabor salado y el dulce los notas en la punta de la lengua?

Si quieres notar bien el sabor de un alimento o de una bebida, déjatelo en la boca un buen rato. Ojo, no funciona si estás resfriado, ¡porque el gusto está relacionado con el olfato! Tampoco lo notarás si antes has comido algo muy picante.

Nacemos con cerca de 10.000 **papilas gustativas**, que es como se llaman los bultitos de la lengua. Tenemos muchas, ¡y son muy pequeñas! A medida que nos hacemos mayores, tenemos menos. Por eso es interesante probar distintos alimentos, para experimentar su sabor.

AMARGO   ÁCIDO   SALADO   DULCE

OLER

Cuando nos llega por el aire alguna sustancia a la nariz, lo que hacemos es **oler**. Los humanos hemos perdido mucho la capacidad de oler; en cambio, otros animales la tienen mucho más desarrollada: solo tienes que fijarte en cómo los perros husmean todo con el hocico.

El **olfato** también nos ayuda a usar el sentido del gusto. El olor te ayuda a reconocer, por ejemplo, una comida muy buena de otra que no está en buen estado. ¿Te has fijado en que si te tapas la nariz cuando comes parece que no notes tanto el sabor de la comida?

¿Y te has fijado que, en verano, con el calor, notamos más los olores?

Los olores nos traen recuerdos.

Las hormigas y las abejas también tienen muy buen olfato: son capaces de encontrar flores que están muy lejos para alimentarse.

Respiramos por la nariz, y eso nos ayuda a hablar bien, ¡por eso debemos tenerla limpia de mocos!

TOCAR

Si cierras los ojos y tocas diferentes superficies, notas muy bien la forma, la textura y la temperatura de lo que tocas. Las puntas de los dedos son muy sensibles. El **tacto** te ayuda a contactar con el entorno.

¿Sabes que las personas que no ven entrenan el tacto para leer? Louis Braille se inventó este tipo de lenguaje.

HABLAR

Los humanos somos los únicos animales que intercambiamos información sobre cosas que no existen. Eso es porque tenemos un **cerebro** muy desarrollado. Y también podemos hablar, porque tenemos unos pulmones que expulsan el aire y una laringe que lo modula a través de las cuerdas vocales. Si no anduviésemos erguidos, ¡quizá no podríamos hablar! Los labios, la lengua y la nariz también nos ayudan a pronunciar las palabras. Por eso, cuando estás resfriado hablas diferente.

El mono verde emite una señal de alarma diferente si lo que se acerca es un águila, una serpiente, un leopardo o un humano.

Las ballenas no tienen cuerdas vocales. Para cantar utilizan unos pliegues situados en su enorme laringe, cerca del vientre. ¡Las ballenas del Atlántico cantan de una manera diferente a las del Pacífico!

Muchos animales se comunican. Dicen «estoy aquí» o «¡vete!». También se avisan cuando hay comida o cuando hay un peligro y deben huir.

Las personas que no oyen tienen más dificultades para hablar, por eso se expresan mediante la lengua de signos, que usa la vista y las manos para comunicarse.

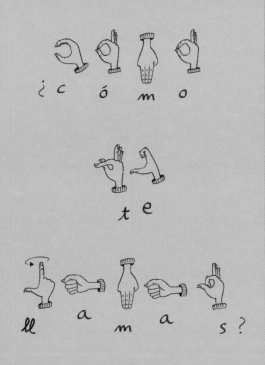

¿cómo

te

llamas?

REACCIONAR

Al relacionarnos con los demás sentimos **emociones**. Según cuáles sean, podemos reaccionar de diversas formas.

ENFADARSE

Cuando te enfadas, te pones rígido y el corazón te late más deprisa. ¿Te has fijado en que enfadarse cuesta muy poco y en cambio desenfadarse cuesta mucho? Para que se te pase más rápido el disgusto, intenta explicar bien cuál es el problema.

LLORAR

Cuando te salen lágrimas en los ojos es porque estás llorando. Puedes llorar cuando te entra un mota en el ojo o cuando te haces daño. Pero también lloras cuando estás triste. En ese caso, generalmente después de llorar te encuentras mejor.

Para calmarte, céntrate en la respiración. Imagínate que hueles una flor y saca el aire soplando poco a poco. Repítelo 3 veces.

Pero no vale ser un llorica. Tienes que aprender a controlar el llanto.

REÍR

Reír es una manera de expresar sentimientos que te hace sentirte bien. ¡Y se contagia más que una enfermedad!

Hay muchos tipos de risas: largas, cortas, abiertas, cerradas, con todas las vocales o solo una. ¿Sabes distinguir a las personas que conoces solo por su risa?

¡Ay, que me hago pipí!
¿Te ha pasado alguna vez que en un ataque de risa hayas perdido el control de los esfínteres?

¡Todos reímos! Los bebés empiezan a reírse cuando tienen cuatro meses, y, cuando somos pequeños, nos reímos unas

300

veces al día. Cuando nos hacemos mayores, nos reímos menos. ¡Y los perros y los monos también se ríen!

Normalmente reímos en compañía. ¿Verdad que con los amigos te ríes más? ¡Y seguro que te encuentras muy a gusto con los amigos con los que te ríes! Es muy bueno reírse con alguien, pero no hay que reírse nunca de nadie, eso es menospreciar. Las personas que se ríen gustan más que las que siempre se quejan o lo ven todo negro.

¿Recuerdas alguna vez que hayas tenido un ataque de risa en un momento en el que no había que reírse y hayas tenido que aguantártelo? A veces, todo el mundo acaba riéndose.

Hay cosas que hacen reír a todos y hay otras que solo hacen gracia a tus amigos o tu familia.

ENVUELTOS

La **piel** nos protege del exterior. Nos **aísla** el cuerpo del frío y del calor; lo **protege** de los golpes, los insectos y otros animales, las infecciones... Igual que los cabellos y las uñas. ¡Y aún conservamos vello como recuerdo de nuestros antepasados peludos!

Si un microbio consigue atravesar la piel, tenemos todo un **río** para defender el cuerpo.

Como está en contacto con el exterior, en la piel también se producen muchas **reacciones**.

LA PIEL
pág. 14

PELOS Y CABELLOS
pág. 16

LAS UÑAS
pág. 17

Si extendiésemos la piel de un adulto, ¡veríamos que tiene las dimensiones de una toalla de baño y que pesa cerca de tres kilos!

El color de la piel solo es importante porque, si tienes la piel clara, tienes que protegerte más del sol, y si la tienes oscura y vives muy al norte, ¡tienes que tomar más el sol!

CARMEN

TOÑO

ANA

POL

MARÍA

GERMÁN

LA
PIEL

La piel, que nos protege y nos aísla del exterior, no es uniforme.
En algunas zonas del cuerpo, como en los párpados, es muy fina. En cambio, ¿te has fijado en la piel de la planta de los pies? ¡Es muy gruesa!

Algunas personas, sobre todo la gente pelirroja, tienen pequeñas manchas oscuras en la piel: son las pecas. ¿Y tú, tienes pecas? Tener pecas es hereditario.

Pellízcate el brazo un momento, suavemente. Ahora suelta la piel: verás que vuelve a ponerse como estaba. ¡Eso es porque es elástica! Por eso podemos andar, mover las manos, cantar, soplar... Si no, no podríamos doblar las rodillas ni los dedos, ni inflar las mejillas.

Cada cuatro u ocho semanas cambias la piel, por eso a veces ves cómo se te caen pequeñas escamas. ¡Las serpientes la cambian toda de golpe!

Las **cosquillas** son reacciones
nerviosas que tienes cuando te
tocan alguna parte del cuerpo.
Te hacen reír, y al principio puede
que te gusten, pero después de
mucho rato te molestan, ¿verdad?

**¿Dónde
tenemos más
cosquillas?**
En el cuello, las
costillas, las axilas, las
rodillas y las plantas
de los pies.

¿Alguna vez has
intentado hacerte
cosquillas a ti mismo?
¡No puedes! Pero si se lo
haces a otro niño o a otra
niña, o al cachorro de otro
mamífero, creas una
especie de amistad.

**¡QUÉ
DAÑO!**

El **dolor** no es agradable, ¡pero no es
malo! Nos avisa de que algo no va bien.
El dolor puede venir de fuera, por
ejemplo si te das un golpe, te quemas o
te pones alcohol en una herida, y dice:
«¡vete!». Si viene de dentro, por ejemplo
de la barriga, te avisa de que tienes que
pedir ayuda... ¡o comer menos chuches!

Si te das un
golpe y te frotas
la zona con la mano,
no es que se cure,
pero parece que se
te pasa un poco el
dolor, ¿verdad?

**Cuando tienes dolor, ¿a qué
dirías que se parece? ¿Es como
una punzada? ¿O como si te
pusieran un peso encima?
¿O como si te pellizcaran?**

PELOS Y CABELLOS

Los humanos, como mamíferos que somos, tenemos **pelos** que nos protegen del frío, del calor y de hacernos daño. Otros animales, como los peces y los reptiles, tienen escamas, y otros, como los pájaros, tienen plumas. Los **cabellos** son unos pelos más largos y gruesos que tenemos en la cabeza. Se calcula que tenemos aproximadamente un millón. ¡Aunque algunas personas tienen menos! Los pelos de la nariz y de las orejas evitan que nos entre polvo o pequeños insectos.

cabello

cejas

pestañas

patillas

bigote

barba

Pueden ser negros, rubios o rojos. ¡O blancos!

Pueden ser lisos o rizados, o incluso enroscados en bolitas.

Si el pelo te pica más de lo normal, avisa a tus padres. ¡Puede que haya animales no invitados!

A muchas personas mayores les cambia el color de los cabellos, que se vuelven blancos. Sin embargo, a veces hay personas jóvenes que son albinas, es decir, que no tienen color en la piel ni en el cabello. ¿Sabes quién era Copito de Nieve?

LAS UÑAS

Las uñas protegen las puntas de los dedos, que son muy sensibles y que necesitamos para tocar las cosas de forma delicada.

Algunos animales tienen unas manos con unas uñas muy grandes; se llaman *zarpas*. Los hay que pueden esconderlas para protegerlas, ya que son unas herramientas que les permiten comer.

¿Alguna vez te has dado un golpe en una uña y te ha salido una mancha negra? Tarda meses en desaparecer. Es el tiempo que tarda en crecer la uña.

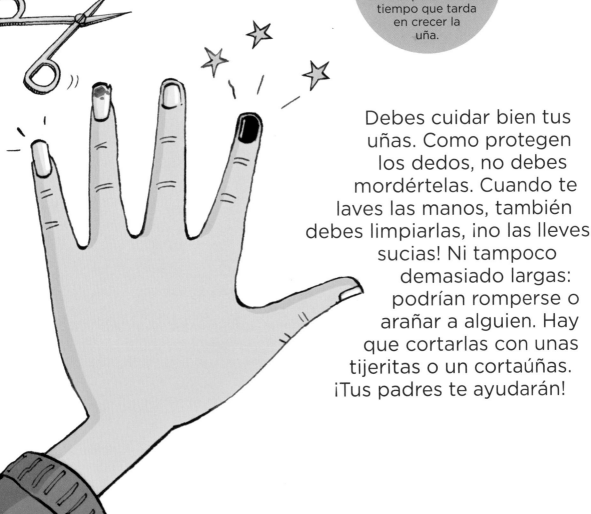

Debes cuidar bien tus uñas. Como protegen los dedos, no debes mordértelas. Cuando te laves las manos, también debes limpiarlas, ¡no las lleves sucias! Ni tampoco demasiado largas: podrían romperse o arañar a alguien. Hay que cortarlas con unas tijeritas o un cortaúñas. ¡Tus padres te ayudarán!

RESPIRAR

Desde el momento en que naces, **respiras**. Durante todo el día y toda la noche. Respirar es tan importante que inflamos y desinflamos los pulmones de manera automática e involuntaria. El cerebro no nos deja aguantar la respiración cómodamente durante más de medio minuto.

¿POR DÓNDE RESPIRAMOS?
pág. 19

¿CÓMO RESPIRAMOS?
pág. 20

REACCIONES
pág. 22

Los pulmones de los adultos respiran cerca de 10.000 litros de aire al día, suficientes para los casi 11.000 litros de sangre que pasan por el corazón a diario.

Cuando corres, respiras más rápido, y el corazón te late más deprisa sin que hagas nada: ¡lo controla tu cerebro!

Los adultos respiran unas veinte veces por minuto, y cada vez que lo hacen entra y sale cerca de medio litro de aire.

Los niños pequeños respiran con más frecuencia, pero menos cantidad de aire, porque tienen los pulmones más pequeños.

¿CÓMO RESPIRAMOS?

Cuando inhalamos, los **pulmones** toman **oxígeno**; cuando exhalamos, expulsamos **dióxido de carbono** y un poco de **vapor de agua**. Necesitamos oxígeno para vivir; por eso no podríamos vivir en Marte, ¡porque allí no hay!

El aire entra por la **nariz**, donde se encuentra unos pelos que lo humedecen, lo calientan y lo limpian, para que el polvo no llegue a los pulmones. Para evitar que entre aire muy frío a los pulmones, en invierno va bien llevar una bufanda.

El aire baja por la **tráquea**: si te tocas el cuello, notarás sus anillos. ¡Los hombres adultos también tienen lo que se conoce como la nuez!

Después, el aire llega a los **pulmones** a través de los **bronquios** principales. A continuación, como si fuera la savia por las ramas de un árbol, el aire se distribuye por unos bronquios más pequeños hasta llegar a los **bronquiolos** y a una especie de racimos microscópicos, los **alvéolos**. ¡Tenemos unos 600 millones de ellos!

Cuando llega a los **alvéolos**, el **oxígeno** es capturado por una molécula llamada *hemoglobina* que la transporta a todas las células del cuerpo a través de la **sangre**. En las células, la hemoglobina libera oxígeno y toma el **dióxido de carbono** para llevarlo a los pulmones, también a través de la sangre, que lo exhalan y vuelven a tomar oxígeno. Así vuelve a comenzar el ciclo de la respiración.

Las narices grandes calientan más el aire que entra en los pulmones.

Puente de la nariz

Elevado

Recto

Los **pulmones** son unos órganos grandes, parecidos a esponjas, que se inflan cuando entra aire en ellos. El **diafragma** los empuja para que se vacíen. Puedes notar cómo trabajan juntos si te pones una mano en el pecho y la otra en la barriga.

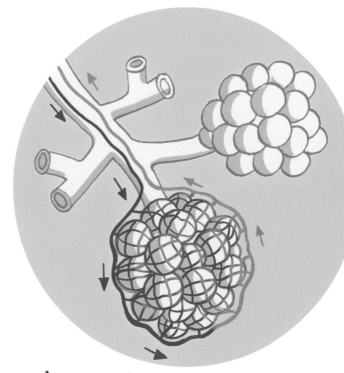

Si extendiésemos todos los alvéolos, obtendríamos la superficie de una pista de tenis.

El tabaco y la contaminación pueden dañar el aparato respiratorio. Es mejor respirar aire limpio.

Forma de la nariz

Respingona

Afilada

REACCIONES

LOS MOCOS

Los **mocos** son unas sustancias pegajosas y más bien líquidas que se forman en algunas partes del cuerpo, como la nariz y los pulmones. Como a los pulmones no les convienen las partículas que hay en el aire que inspiramos, como el polvo, el polen o los gérmenes, los mocos hacen de **barrera**, y estas partículas se quedan atrapadas.

A veces los mocos cambian. Algunos son pegajosos y blandos; otros son secos y duros. Cuando estás resfriado, la nariz fabrica más mocos para protegerte de los microorganismos. Pero a veces son molestos. Si tienes muchos, es recomendable que vayas al médico.

LOS ESTORNUDOS

Cuando se nos mete una mota de polvo en la nariz, para evitar que entre en los pulmones, se desencadena un **estornudo**. Estornudar es imparable y muy complicado: ¡actúan muchos músculos a la vez!

Con el estornudo expulsamos también unas 8.000 microgotas a una velocidad de hasta 70 km/h. ¡Pueden llegar hasta a tres metros de distancia!

A menudo estornudamos una vez solamente, ¡pero a lo largo del año podemos llegar a estornudar hasta 400 veces! ¡Hay casos de personas que no pueden parar de estornudar durante días!

LA TOS

La **tos** ayuda a mantener la garganta y las vías respiratorias limpias. El aire sale de los pulmones a gran velocidad: ¡unos 90 km/hora!

La tos puede ser causada por alergias o por algo que te ha entrado en los pulmones y que no te sienta bien. También la tienes cuando te resfrías o tienes alguna enfermedad respiratoria.

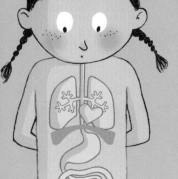

¿A que cuando tienes un resfriado estornudas y toses más? El cuerpo quiere expulsar a los intrusos. Pero cuidado, el aire sale lleno de microorganismos y tienes que taparte la nariz con un pañuelo. Si no llevas uno, cúbretela con el codo.

EL HIPO

El **hipo** es un **reflejo** que te encoge la barriga. Ocurre porque el diafragma se contrae cuando comemos muy deprisa o demasiado, o cuando bebemos en exceso. Como afecta a la campanilla, nos hace producir un sonido muy curioso.

Para quitar el hipo dicen que hay que soplar con la boca cerrada o beber traguitos de agua sin respirar. También se dice que se quita con un buen susto. Eso es porque, cuando te asustas, dejas de respirar por un momento. Pero cuidado: ¡no estés demasiado rato sin aire!

Podemos hipar hasta 12 veces por minuto, y lo más habitual es que el hipo desaparezca al poco rato. A veces tarda más, y en ese caso debes avisar a tus padres. ¡Cuentan que un hombre estuvo hipando 57 años seguidos!

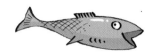

COMER

Comer nos proporciona nutrientes para el cuerpo y la energía indispensable para crecer y vivir sanos. Podría decirse que el aparato digestivo no está ni dentro ni fuera del cuerpo: es un tubo largo que empieza en la boca y acaba en el ano. El aparato digestivo transforma lo que comemos en sustancias más sencillas que el cuerpo absorbe para nutrirse y rechaza lo que no puede aprovechar.

INGERIR
pág. 26

ABSORBER
pág. 27

DESHACER PARA REHACER
pág. 28

HACER CACA
pág. 29

INGERIR

En la boca, la comida se mezcla con la saliva para que podamos tragarla mejor; entonces comienza la **digestión**. Mastica bien para facilitarla, ¡que en el estómago no tenemos dientes!

Los **dientes** son unas herramientas hechas del material más duro del cuerpo. Como comemos de todo, los tenemos para distintas acciones: con los incisivos y los caninos **mordemos**, y con las muelas **masticamos**. Como cualquier otra herramienta, los dientes se tienen que lavar; si no, pueden sufrir caries y estropearse.

A medida que crecemos, dentro de la encía se nos forman los dientes definitivos. Cuando ya somos más grandes, alrededor de los seis años, estos dientes empujan a los de leche y hacen que se caigan.

ABSORBER

1

Cuando el **estómago** recibe la comida, empieza a moverse. Así mezcla el bolo alimenticio con los jugos gástricos. Cinco horas más tarde, lo ha transformado en una especie de puré.

2

Cuando ese puré, llamado *quimo*, sale del estómago, pasa al **intestino delgado**. Allí recibe aún más jugos (del páncreas y de la vesícula biliar) y acaba teniendo una consistencia lechosa. Entonces se llama *quilo*.

3

El quilo es absorbido por los pliegues del **intestino delgado**, y así los nutrientes que contiene pasan a la sangre, que los distribuye por el cuerpo.

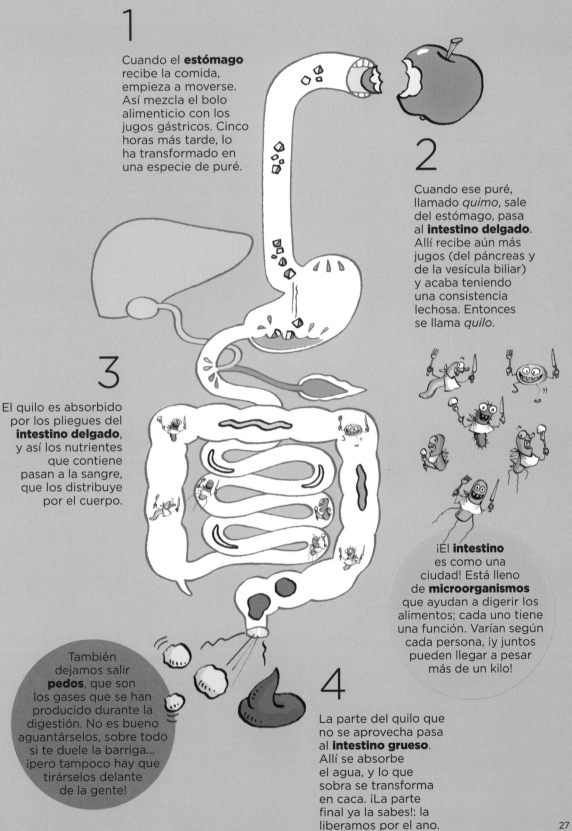

¡El **intestino** es como una ciudad! Está lleno de **microorganismos** que ayudan a digerir los alimentos; cada uno tiene una función. Varían según cada persona, ¡y juntos pueden llegar a pesar más de un kilo!

También dejamos salir **pedos**, que son los gases que se han producido durante la digestión. No es bueno aguantárselos, sobre todo si te duele la barriga... ¡pero tampoco hay que tirárselos delante de la gente!

4

La parte del quilo que no se aprovecha pasa al **intestino grueso**. Allí se absorbe el agua, y lo que sobra se transforma en caca. ¡La parte final ya la sabes!: la liberamos por el ano.

27

DESHACER PARA REHACER

El **hígado** es un órgano muy importante: es como el laboratorio del cuerpo. Con las sustancias absorbidas por los **intestinos**, que le llegan por la **sangre**, construye nutrientes beneficiosos y los distribuye por el cuerpo a través de la sangre.

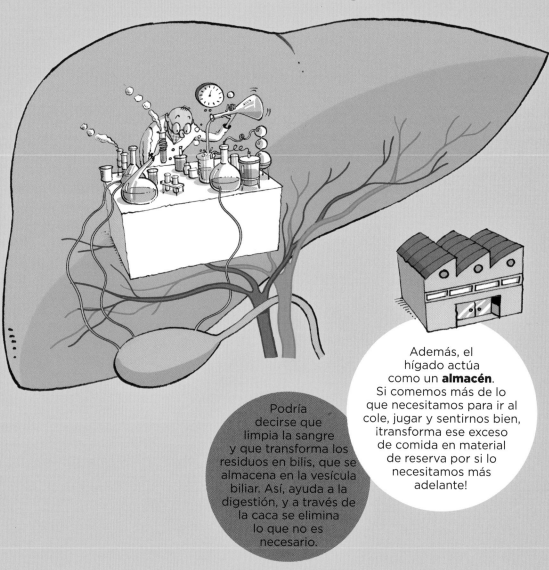

Podría decirse que limpia la sangre y que transforma los residuos en bilis, que se almacena en la vesícula biliar. Así, ayuda a la digestión, y a través de la caca se elimina lo que no es necesario.

Además, el hígado actúa como un **almacén**. Si comemos más de lo que necesitamos para ir al cole, jugar y sentirnos bien, ¡transforma ese exceso de comida en material de reserva por si lo necesitamos más adelante!

Para cuidar el hígado, crecer y defenderte de las infecciones, debes llevar una **dieta** saludable y equilibrada. La mejor manera es comer una gran variedad de alimentos saludables, que incluya fruta y verdura. ¡Dale alimentos de calidad a tu cuerpo!

HACER CACA

¡Todos los animales hacemos **caca** prácticamente a diario! Eso es bueno, porque eliminamos lo que no sirve de todo lo que hemos comido.

Vaca

Caballo

Perro

Cabra

Ratón

Hay diversas formas y medidas de cacas, porque los animales somos diferentes y comemos cosas diferentes.

¿Cuánto tarda en salir del cuerpo el material de desecho? Entre medio día y dos días. Pero a veces cuesta hacer caca. Puede que esté dura y seca, y puede hacer un poco de daño al salir. Eso quiere decir que estás estreñido. En ese caso, avisa a tus padres, bebe más agua, haz ejercicio y, sobre todo, come más verdura y menos galletas.

Como la caca es un **desecho**, tenemos que limpiarnos bien. ¡Y las niñas tienen que limpiarse de delante a atrás! Y, sobre todo, después de ir al baño tenemos que lavarnos muy bien las manos.

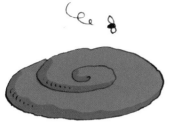

¿Por qué tiene ese color la caca? Si mezclas todos los colores de una paleta de pintor te sale un color extraño, ¿verdad? Pues los restos de los intestinos también son una mezcla de colores. La caca puede tener colores diferentes según lo que hayamos comido: zanahoria, remolacha...

¿Cuánto pesa la caca que haces cada día? Se calcula que los europeos hacemos, de media, entre

100
y
200

gramos cada vez. Una persona que coma mucha más verdura, ¡puede hacer hasta medio kilo de una vez!

Cerca del
70%
de nuestro cuerpo es agua.

SOMOS AGUA

El agua es una parte muy importante de nuestro cuerpo. La hay por todas partes, ya sea en mucha o poca cantidad. Facilita que la **sangre** se mueva y transporte el oxígeno, los alimentos y otras sustancias por el organismo.

El cuerpo está humedecido por dentro, de manera que necesita agua para funcionar bien. Los ojos, la boca, la nariz... ¿notas que están húmedos?

Para poder respirar bien, los pulmones necesitan estar húmedos. ¿Alguna vez le has echado el aliento a un espejo? ¡Se empaña! Es por el vapor de agua que sale de tus pulmones. También pierdes agua cuando sudas, y cuando haces pipí y caca. Cuando vomitas o tienes diarrea, notas que pierdes mucha agua, ¿verdad?

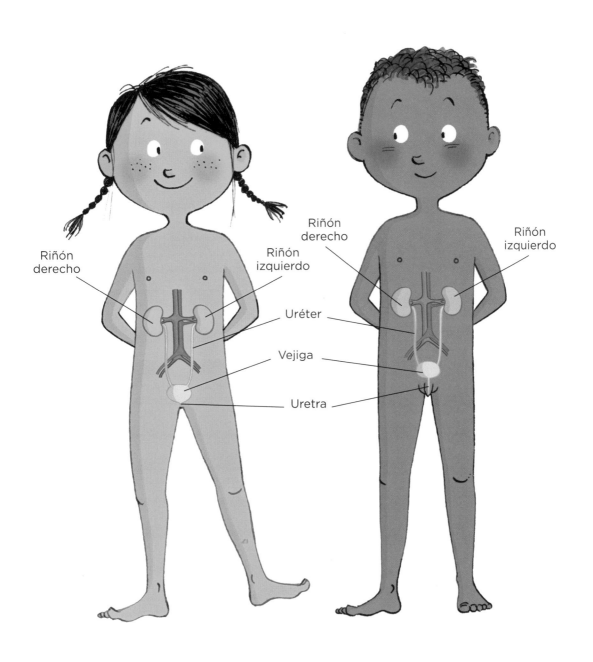

Riñón
derecho

Riñón
izquierdo

Riñón
derecho

Riñón
izquierdo

Uréter

Vejiga

Uretra

31

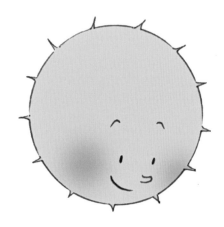

BEBER

Cuando bebes y comes, recuperas el **agua** que has perdido. Beber agua ayuda a que el cuerpo funcione bien.

Cuando tienes sed es porque el cuerpo te pide agua. ¿Bebes bastante? Si no tuvieses suficiente agua, el cuerpo podría empezar a fallarte: se dice que **se deshidrata**. Y eso no es bueno, porque puedes encontrarte mal, tener calambres ¡o incluso desmayarte! Sin beber, una persona puede vivir un máximo de cinco días.

Los camellos pueden pasar hasta ocho días sin beber, porque acumulan el agua en la joroba, en forma de grasa. Por eso, cuando llegan a su destino, la joroba es más pequeña que cuando salieron. Eso sí, cuando se ponen a beber pueden llegar a ingerir hasta noventa litros de agua de golpe. ¡Nosotros no podemos hacer eso!

FILTRAR

Las sustancias de desecho que recoge la **sangre** son filtradas por los riñones y salen por la orina. Por eso estos órganos son muy importantes, ¡tanto como el corazón!

Los riñones filtran la sangre: esta entra por unas grandes venas, que se vuelven cada vez más estrechas hasta que conectan con unos pequeños tubos. Esos tubos recogen las sustancias que no son necesarias y las eliminan por el pipí.

¿Quieres localizar tus riñones? Ponte las manos en las caderas, sube hacia arriba hasta que toquen las costillas y, donde te lleguen los pulgares, en la parte de la espalda, ahí están.

Los riñones tienen la forma de una judía y el tamaño de un puño.

Estos órganos trabajan mucho: una persona adulta tiene casi siete litros de sangre, ¡que los riñones filtran cerca de 400 veces al día!

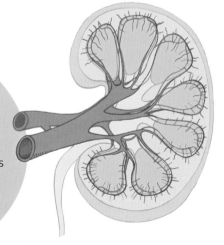

A veces, en los riñones se forman unos granitos de arena que pueden llegar a formar una piedra. ¡Hay niños que tienen piedras en los riñones! Avisa a tus padres si tienes muchas ganas de hacer pipí y no te sale, o si te duele al hacerlo.

El pipí baja por un tubo que se llama uréter y se almacena en la vejiga, que es como una bolsa. Cuando está medio llena, el cuerpo te avisa: te entran ganas de hacer pipí y te sientes incómodo. Cuando lo haces, lo expulsas por la uretra al exterior y te sientes aliviado.

¡Sin el aparato excretor no podrías vivir! Por eso hay personas que reciben un riñón de un donante cuando los suyos ya no funcionan. Se puede vivir con un solo riñón.

HACER PIPÍ

Todos los animales tienen que eliminar las **sustancias tóxicas** de su cuerpo, y muchos las eliminan por el **pipí**. Los peces lo hacen en el agua, por ejemplo, y los animales del desierto, como no pueden perder líquido, ¡hacen un pipí muy espeso!

En cuanto te levantas, ya vas a hacer pipí.

Cada día vas varias veces a hacer pipí, y eliminas entre uno y dos litros.

¿Te has fijado en que el **color** de tu pipí es diferente según si has bebido mucha o poca agua y dependiendo de lo que hayas comido? También cambia según lo que tomes, porque algunos medicamentos también cambian su color.

Claro: has bebido mucho.

Oscuro: puede que estés deshidratado

Los espárragos lo vuelven verdoso; la remolacha o la zanahoria también pueden cambiar su color. Si es rosado sin motivo, avisa a tus padres.

SUDAR

¿Por qué sudamos? Cuando el cuerpo aumenta de **temperatura**, al cerebro no le gusta y ordena que sudes. ¿A que cuando sales de la ducha tienes frío? Eso es porque cuando el agua se evapora, te refrescas. Pues ese es el objetivo del sudor: bajar la temperatura del cuerpo.

El sudor no **huele mal** en sí mismo. Pero en la piel viven unos microorganismos que, al mezclarse con el sudor, producen mal olor. Por eso, si se queda en las axilas, huele mal, y tenemos que lavarnos bien. ¡A ducharse tocan!

Las glándulas que producen el **sudor** están por todo el cuerpo. Cuando sudas mucho, ¡puedes perder unos cuantos litros de agua! Cuando estamos enfermos, por el sudor también excretamos el medicamento que estamos tomando, por eso a veces olemos diferente.

LAS COSAS DE
FUERA
DEL CUERPO